Rechtsfälle

nach dem

Bürgerlichen Gesetzbuch

mit §§-citaten

für Übungen und Vorträge und zum Selbststudium

von

Dr. Julius Landsberg
Gerichtsassessor.

Bonn 1900.

A. Marcus und E. Weber's Verlag.

Die vorliegenden Fälle entstanden aus Anlass von Uebungen, die der Verfasser auf amtliche Anregung für die Referendare des Landgerichts in Frankfurt a. M. gehalten hat.

Solchen Uebungen für junge Praktiker und für Studenten sollen sie auch jetzt dienen. Sie sind so umgestaltet und vermehrt, dass sowohl Anfänger wie Gereiftere Verwendbares finden. Daneben erscheinen die Fälle auch zum Selbststudium geeignet.

Zur Orientirung sind §§-citate beigefügt. Gerade hierin sieht der Verfasser das von anderen Sammlungen ähnlicher Art wesentlich Unterscheidende des Büchleins. Die §§ sind so citirt, dass damit die Denkarbeit für den Leser nicht etwa erspart, sondern ihm nur ein Fingerzeig auf den richtigen Weg gegeben wird. Gelegentlich sind ihm auch kleine Fallen gestellt. Absolute Vollständigkeit der Citate wird nicht erreicht sein können; Richtigkeit wird oft Ansichtssache sein. Im Zweifel sind alle möglicherweise in Betracht zu ziehenden, zum Vergleich auch zweifellos nicht zutreffende §§ angeführt.

Bei der Herausgabe der Fälle hat Herr Referendar Dr. Stettenheimer mitgewirkt.

Frankfurt a. M. 1900.

Landsberg.

1.

In Berlin vereinigen sich die exmatrikulirten Rechtskandidaten, um zur Vorbereitung auf das Examen gemeinsame Besprechungen über das BGB zu halten. Sie haben Statuten, Vorstand, Beiträge, Kasse, sind aber nicht als Verein eingetragen.

Der Buchhändler kann keine Bezahlung für die Lehrbücher und Kommentare erlangen, die er der Vereinigung auf Bestellung zugesandt hat.

Wen kann er verklagen?

Der Bestellbrief ist von dem bekannten, längst unpfändbaren, Studiosus Süffel als Schriftwart unterschrieben.

BGB 21, 22, 54, 713,
CPO 50, 735, 736.

2.

A reist mit seiner im siebten Monat schwangeren Ehefrau nach Sidney. Auf hoher See erfolgt eine Frühgeburt; das Kind kann nach Ausspruch des Arztes höchstens einige Stunden leben.

Noch vor dem Tod dieses Kindes erleidet das Schiff im Nebel einen Zusammenstoss und geht unter. Nur wenige Passagiere werden von dem fremden Dampfer aufgefischt und gerettet.

Nach Ablauf von vier Jahren beantragen die in Hamburg wohnenden Verwandten der beiden Auswanderer die Todeserklärung, um ihr Erbrecht geltend machen zu können.

Ist dem stattzugeben? Und wie verteilt sich dann der Nachlass auf die beiderseitigen Verwandten, wenn die beiden ausgewanderten Ehegatten je 40,000 Mark Vermögen zurückgelassen hatten.

* * *

Macht es einen Unterschied, wenn die geretteten Passagiere bekunden, die Mutter sei schon vor dem Schiffsuntergang in den Wehen gestorben?

* * *

Ein Matrose will wissen, der Vater sei von einem stürzenden Mastbaum erschlagen worden. Er selbst habe dann das schreiende Kind in ein Rettungsboot getragen, von wo es durch eine Sturzwelle weggespült worden sei.

BGB 1, 13, 14, 16, 18, 20, 1922, 1923, 1924, 1931.
Vgl. CPO 960 fg.

3.

Der siebzehnjährige Kunstschüler Felix Ölhaaf findet in einem Trödelladen ein altes Bild, das er als echten Teniers erkennt und für 50 Mark ersteht. Ein Kunsthändler, dem er es zeigt, bietet 50000 Mark, aber der Trödler meldet sich und verlangt sein Bild wegen „laesio enormis" zurück, durch die er schon einmal in einer ähnlichen Sache den Prozess gewonnen habe.

* * *

Felix' Vater, der den Kauf nicht für anständig hält, schreibt dem Trödler, er verweigere seinem Sohn die väterliche Genehmigung. Felix will das Bild aber unter keiner Bedingung wieder hergeben, und replizirt, sein Vater habe ihm vorher auf seinen Bericht hin den Ankauf erlaubt. Überhaupt habe er die 50 Mark an seinem Taschengeld abgespart, und mit diesem dürfe er machen, was er wolle.

BGB 107, 109, 119.
108, 110, 182. 183.

4.

Der Radfahrer Strampel erhält auf Bestellung von einem Hotelier in Heidelberg die briefliche Anzeige, dass für den gewünschten Tag ein Zimmer reservirt sei. Auf dem Briefbogen findet sich ein Aufdruck, wonach das Hotel für etwaige Beschädigung oder für Verlust von Reisegepäck jede Haftung ablehnt; dies hat Strampel in der Eile übersehen.

Nach seiner Ankunft in Heidelberg übergiebt Strampel das Rad dem Portier zur Aufbewahrung, und verspricht ihm ein gutes Trinkgeld. Der Portier stellt die Maschine in den Hof, wo sie über Nacht total verregnet und verrostet.

Strampel verlangt vom Wirt Ersatz. Dieser meint, er könne schon deshalb nicht haften, weil es sich um höhere Gewalt handle. Der Schaden sei nicht seine Schuld; wenn das Rad gut vernickelt gewesen wäre, hätte ihm der Regen nichts geschadet.

BGB 147, 150, 151, 155, 164, 276, 278, 689, 690, 701.

5.

Hierdurch gewitzigt wendet sich Strampel an den Wirt selbst, als er auf der Durchreise in Bruchsal zum Frühstück einkehrt. Der Wirt stellt das Rad denn auch in den gedeckten Gang, und versichert, in seinem Hause sei noch nichts gestohlen worden.

Während Strampel frühstückt, schleicht sich ein Gast aus der Wirtsstube, um sich auf dem fremden Rad ein wenig zu üben. Hierbei stürzt er und zerbricht eine Axe, so dass Strampel die Reise mit der Eisenbahn fortsetzen muss, bis er in Karlsruhe die Reparatur mit erheblichen Kosten vornehmen kann.

Die Schadensklage gegen den Wirt wird vom Amtsgericht Bruchsal kostenfällig abgewiesen, da der § 701 nur den Logirgästen zu gut komme, nicht aber solchen, die sich lediglich in einem Wirtshaus restaurirten. Nach § 690 brauche der Wirt nicht zu haften.

Muss sich Strampel hierbei beruhigen?

6.

In der Satteltasche hatte sich ein Brillant-Armband im Wert von 3000 Mark befunden, das Strampel seiner Braut nach Strassburg mitbringen wollte. Mit diesem Schmuckstück ist der Portier verschwunden.

Auch hierfür lehnt der Hotelier jede Haftung ab. Keinenfalls aber, meint er unter Berufung auf § 702 BGB, könne seine Haftung den Betrag von 1000 Mark übersteigen.

BGB 701, 702, 823, 278, (276).

7.

Das sechsjährige Lieschen sitzt am Strand, wo das Meer zwei Bernsteinstückchen ausspült. Lieschen nimmt eines dieser Stückchen als Spielzeug an sich; das andere hebt ein vorübergehender Fischer auf und schenkt es dem Kind.

Lieschens Freund Robert kommt auf dem Nachhauseweg vorüber und nimmt seiner Freundin trotz ihres Weinens das Spielzeug mit Gewalt weg. Zu Hause giebt er den Bernstein seinem Vater, der ihn, den Wert erkennend, aufbewahrt.

Kann Lieschens Vater, der den Sachverhalt durch das Kindermädchen erfahren hat, den Bernstein von Roberts Vater herausverlangen?

Kommt es dabei auf Roberts Alter an? Macht es einen Unterschied, ob er seinem Vater erzählt hat, wie er zu dem Bernstein gekommen ist?

BGB 104 Z. 1, 105, 854 Abs. 1, 861, 1627, 1630.

8.

Der zwanzigjährige Dr. phil. Schwefel tritt trotz väterlichen Verbots in eine chemische Fabrik ein, und schliesst einen Vertrag auf drei Jahre, mit der Bestimmung, dass er aus dem Reingewinn aller von ihm erfundenen Präparate die Hälfte erhalten soll.

Im letzten Jahr erfindet er ein Krebsserum, das reissenden Absatz findet, und der Fabrik in kurzer Zeit eine Million einträgt.

Da Schwefel gütlich nichts bekommen kann, klagt er seine halbe Million ein. Der Vertreter der Fabrik wendet ein, der ganze Anstellungsvertrag sei ungültig, da Schwefel's Vater seiner Zeit ausdrücklich die Zustimmung verweigert habe.

BGB 108.

9.

Eine zwanzigjährige Schauspielerin hat mit Ermächtigung ihres Vaters einen Kontrakt mit dem Adolf-Ernst-Theater in Berlin abgeschlossen, unter Stipulirung einer Konventionalstrafe von 10,000 Mark für den Fall vorzeitigen Austritts.

Nach einem Vierteljahr lässt sie sich aus Laune und Überdruss ohne Vorwissen ihres Vaters für den Wintergarten als Chanteuse anwerben.

Muss sie die 10,000 Mark Strafe zahlen? Sie verlässt sich ganz darauf, dass eine ähnliche Klage gegen ihre Freundin wegen deren Minderjährigkeit abgewiesen worden ist, obwohl diese dem Vertragsverbot zuwider als Verkäuferin in ein Konkurrenzgeschäft eingetreten war.

BGB 112, 113, 343. Vgl. HGB 74.

10.

„Tausend Mark Belohnung

„demjenigen, der nach dreimonatigem Gebrauch meines „unfehlbaren Mittels „Kapillogen" nicht im Schmucke „eines stattlichen Schnurrbarts prangt.

„Oberrupfbach, 1./12. 1900.

Lüginsland, Apotheker."

A ist nach dreimonatigem Gebrauch noch vollständig bartlos. Kann er wenigstens die Belohnung verlangen?

BGB 118. Vgl. RG. VIII, S. 248.

11.

Der Mieter hat sein Speisezimmer mit Wandbildern schmücken lassen, die auf Leinwand gemalt und freskenartig aufgeklebt sind.

Da der Vermieter den Ersatz der Kosten verweigert, reisst der Mieter die Bilder beim Auszug von der Wand ab, wodurch letztere stark beschädigt wird.

Der Vermieter verlangt auf Grund des § 226 in Verbindung mit 823 Wiederherstellung oder Schadensersatz. Mit Recht?

BGB 258.

12.

Ein zerlumpter Strolch findet im Vestibül des Theaters eine Garderobemarke, und erhebt darauf einen kostbaren Pelzmantel, mit dem er alsbald verschwindet.

Der Eigentümer des Mantels klagt auf Schadensersatz. Der Anwalt des Garderobiers, Dr. Siebengscheidt, beruft sich auf §§ 807 und 808 BGB.

BGB 276.

13.

Der Privatier Wollstrumpf hat dem Kaufmann Windig ein Darlehen von 10,000 Mark für dessen Exportgeschäft versprochen gegen entsprechende Beteiligung am Gewinn.

Da bekannt wird, dass Windig erhebliche Wechsel hat unter Protest gehen lassen, weigert Wollstrumpf die Geldhergabe unter Berufung auf § 610, obgleich Windig ihm eine Kautionshypothek anbietet.

Kann Windig die Zahlung der 10,000 Mark verlangen?

BGB 321.

14.

A verkauft dem B, den er im Eisenbahnwagen kennen lernt, während der Reise seine beiden berühmten und dem B wohlbekannten Rennpferde Child Harold und Rautendelein.

Wie sie nach einigen Stunden auf das Gestüt A's kommen, finden sie beide Tiere verendet vor. Der Stallknecht berichtet, die Pferde seien angesteckt worden; das eine sei schon gestern, das andere eben vor wenigen Minuten verendet.

Welche Wirkungen hat der abgeschlossene Kaufvertrag für die beiden Teile? Macht es einen Unterschied, wenn der Knecht bei gehöriger Sorgfalt die Ansteckung hätte vermeiden können?

BGB 306, 446, 275, 323, 276, 278, 325.

15.

Gleichzeitig hat A dem B auch mehrere Inhaberaktien der Höchster Farbwerke zum Nennwert verkauft, nachdem er die Papiere kurz vorher von einem unbekannten Mitreisenden erworben hatte.

Auch bei diesem Geschäft war kein Glück. Es stellte sich bald heraus, dass die Papiere gestohlen und teils für kraftlos erklärt, teils zur Kraftloserklärung aufgeboten waren.

B verweigert jetzt nicht nur die Zahlung, sondern verlangt noch die Differenz zwischen dem Kaufpreis und dem fast 4mal so hohen Kurswert als Schadensersatz.

A meint, der Fall liege, wie bei den Pferden. Er habe dem B das Eigentum verschafft, da der Käufer an Inhaberpapieren das Eigentum auch dann erwerbe, wenn sie gestohlen seien. B müsse also nach § 433 Abs. 2 zahlen.

BGB 935, 437, 252.

16.

Ein Gutsbesitzer dingt ländliche Tagelöhner, teils um ein Stück Wald abzuholzen, teils um die Rüben eines Ackers, die vorher noch abgeerntet werden müssten, auf die Bahnstation zu fahren.

Am Tag des Dienstantritts finden die Arbeiter den Wald abgebrannt, die Rüben aber noch unabgeerntet und auf dem Acker verfault, d. h. ganz wertlos.

Die Arbeiter verlangen auf Grund des § 615 ihren Arbeitslohn. Mit Recht?

BGB 323, 324 fg., 276, 278.

17.

Der Anwaltsschreiber Federkiel bleibt ohne Ankündigung 14 Tage vom Büreau weg, — wie sich nachträglich herausstellt, wegen gefänglicher Einziehung. Der Anwalt ist deshalb genötigt, einen Stellvertreter einzustellen, was nur unter Aufwendung eines höheren Gehalts möglich ist.

Trotzdem verlangt Federkiel nach seiner Rückkehr unter Berufung auf § 616 BGB für die ganze Zeit Gehalt, weil die Arbeitsunterbrechung nicht durch seine Schuld, sondern sehr gegen seinen Willen erfolgt sei. Eventuell will er durch Zeugen, deren Vernehmung der Strafrichter leider abgelehnt habe, seine Unschuld nachweisen.

Der Anwalt will sich hierauf nicht einlassen. Er meint, das Bürgerliche Gesetzbuch gewähre ihm gegen Federkiel wahlweise zehn verschiedene Rechte.

Welche kann er meinen, und wie ist es damit?

BGB 280, 323, 325.

18.

Auch der andere, 6 Wochen zum Militär eingezogene, Schreiber Bleichenwang beruft sich auf § 616 BGB, um seine Gehaltsansprüche für die fragliche Zeit zu begründen.

Der Anwalt meint, 6 Wochen seien keine „verhältnismässig unerhebliche Zeit“; aber Bleichenwang versichert, sein Freund, der Buchhalter Ganskopf, habe im gleichen Fall den vollen Gehalt zugebilligt bekommen.

Hat Bleichenwang, und hatte Ganskopf Recht?

BGB 616, HGB 63.

19.

Zum Arrangement der zerrütteten Vermögensverhältnisse eines Schuldners hat sich ein Konsortium von hundert Personen gebildet; diese haben in Höhe von 50 Prozent die Bürgschaft für alle Schulden übernommen. Nachträglich geht der Schuldner mit dem ganzen Rest seines Vermögens flüchtig.

Sämtliche Gläubiger wenden sich nun mit ihren Forderungen an den Bankier Eisenschrank, ein für zahlungsfähig angesehenes Mitglied des Konsortiums.

Da aber auch Eisenschranks Baarmittel solchem Massenangriff nicht gewachsen sind, erwirken viele Gläubiger Urteile gegen ihn, und bald sind alle Mobilien gepfändet.

Ein Privatgläubiger, der aus anderem Rechtsverhältnis Ansprüche gegen Eisenschrank hat, will es mit der Forderungspfändung versuchen. Er möchte deshalb wissen, ob seinem Schuldner keine Ansprüche gegen die anderen neunundneunzig Konsortialen zustehen.

BGB 420, 426, 427, 717, 769, 774.

20.

Eine neu einziehende Familie findet die Wohnung feucht und zieht deshalb sofort wieder aus.

Der Vermieter klagt das erste Vierteljahr Miete ein, da der Mieter die Beschaffenheit der Wohnung schon vor dem Einzug bei der Besichtigung habe erkennen müssen, und sich deshalb auf den Mangel nicht berufen könne. Auch habe der Mieter seine nach § 545 begründete Anzeigepflicht verletzt, und ihm somit die Möglichkeit genommen, die Zimmer durch starkes Heizen auszutrocknen.

Der Mieter tritt Sachverständigenbeweis an, dass die Feuchtigkeit durch Heizen nicht entfernt werden konnte, schiebt auch dem Vermieter den Eid darüber zu, dass er den Mangel beim Vertragsabschluss kannte.

Sind diese Beweise erheblich?

BGB 460, 544.

21.

Der Bildhauer X bestellt sich ein Stück aderfreien Marmors für eine Porträtbüste, erhält aber ein ziemlich stark geädertes Stück.

Da sein Auftrag eilig ist, beginnt er trotzdem die Ausführung, kann aber das Bildnis nicht vollenden, weil sich ein breiter schwarzer Streifen quer über die Nase des Gesichts hinzieht. Er schickt deshalb den halbbearbeiteten Block zurück und verweigert Bezahlung.

Der Lieferant klagt auf Grund des § 346 BGB, meint auch, Adern seien kein Mangel beim Marmor. Der Bildhauer beruft sich auf § 467. Wie ist zu entscheiden?

BGB 464.

22.

Sind folgende Verträge giltig?

A in Frankfurt a. M. verpflichtet sich dem B in Leipzig zu einer schenkweisen Leistung; B nimmt das Versprechen an.

a) Beide Erklärungen werden in notariellen Akten niedergelegt.

b) Beide Erklärungen werden in einer einheitlichen Urkunde formuliert; die beiden Unterschriften werden von Notaren beglaubigt.

c) Der Schenker lässt einen notariellen Akt aufnehmen; der Beschenkte fasst die Annahmeerklärung selbst schriftlich ab und lässt seine Unterschrift auf dem Gericht beglaubigen.

BGB 125, 128, 518.

23.

Hans Vollhaus hat einem Bekannten formgerecht ein Pferd von ganz bestimmter Abstammung zu schenken versprochen. Ehe er noch ein solches hat beschaffen können, gerät er in Vermögensverfall und verweigert deshalb Erfüllung seines Schenkungsversprechens, weil seine Einkünfte höchstens für seinen Unterhalt und seine Unterhalts-Verbindlichkeiten ausreichen.

BGB 696.

Der andere besteht aber auf Leistung, weil

1. Vollhaus sich selbst schuldhaft durch leichtsinniges Spiel ruiniert habe,

   BGB 529.

2. Unterhalts-Verbindlichkeiten nach § 1603 für den nicht beständen, der ohne Schaden für den eigenen Unterhalt seine sonstigen Verpflichtungen — also auch Schenkungsversprechen — nicht erfüllen könne,

   BGB 519 Abs. 1.

3. Vollhaus lediglich ein angenommenes Kind besitze. solche aber, wie sich aus § 1601 ergebe, nicht unterhaltsberechtigt seien.

   BGB 1757, 1766.

Wie steht es mit diesen Repliken?

24.

Darf ein Student, der Besuch von einem Kommilitonen bekommt, diesem gegen den Willen der Wirtin auf dem Sopha Nachtquartier geben? Was kann die Wirtin dagegen machen?

Wie, wenn er den Besucher zwei Wochen lang bei sich beherbergt? Und wenn dieser Nachts in der Trunkenheit das Zimmer verunreinigt?

Wie, wenn der Freund Klavierspieler ist, und täglich fünf Stunden Liszt'sche Etuden übt, trotzdem sämtliche Hausbewohner, die Wirtin eingeschlossen, schon am zweiten Tag protestirt haben?

BGB 549, 550, 553, 557.

25.

Der Hausbesitzer X überrascht seinen Mieter beim „Rücken“, und nimmt ihm mit Gewalt sein Klavier als Pfand für den rückständigen Mietzins weg.

Nachträglich stellt sich heraus, dass der Mieter seine Schuld durch Aufrechnung getilgt, und die Aufrechnungserklärung dem X durch den Gerichtsvollzieher hatte zustellen lassen. Diese Urkunde war s. Z. von Frau X dem Beamten abgenommen, Herrn X aber versehentlich nicht vorgelegt worden.

Der Mieter verlangt deshalb sein Klavier heraus, und Schadensersatz für entgangenes Unterrichtshonorar, weil er ohne Klavier den Unterricht habe aussetzen müssen.

X verteidigt sich damit, dass er von der Aufrechnung gar nichts gewusst habe, und also an dem Schaden unschuldig sei.

* * *

Wie ist es, wenn der Klavierlehrer nur Aftermieter im X'schen Hause war? Und wenn er vom ersten in den zweiten Stock zog?

BGB 559, 560, 561, 229, 231.

26.

Die Köchin der Zimmervermieterin Wwe. Meier verursacht dadurch einen Zimmerbrand, dass sie das Herdfeuer mit Petroleum anfachen will. Hierbei wird die Bibliothek eines eingemieteten Studenten beschädigt, und dieser erleidet beim Löschen selbst leichte Brandwunden.

Aus einer in seinem Zimmer befindlichen Hausapotheke, deren Benutzung ihm die Wirtin gelegentlich erlaubt hat, verwendet er eine Salbe, die nach der Aufschrift auf dem Töpfchen Vaseline sein soll, in Wahrheit aber Borsalbe ist. Hierdurch wird eine Entzündung der Wunde und Verlangsamung des Heilungsprozesses herbeigeführt.

Kann der Studiosus von der Wwe. Meier Neuanschaffung der verbrannten Bücher und Ersatz der ärztlichen Behandlungskosten verlangen?

BGB 535, 598, 276, 278, 599.

27.

Der praktische Arzt Dr. Quarck mietet eine Wohnung, in der kurz zuvor ein Cholerakranker gewohnt hat, obwohl er auf diesen Umstand vom Vermieter ausdrücklich aufmerksam gemacht worden ist. Er hat nämlich eine Broschüre von Pettenkofer gelesen, wonach dieser freiwillig Cholerabazillen eingenommen hat, ohne etwas anderes, als Leibschmerzen, davonzutragetn.

Nachträglich liest er in einer Gegenschrift, Pettenkofers „Leibschmerzen“ stellten einen richtigen leichten Cholerafall dar, und zieht noch am gleichen Tage aus.

Der Hausherr glaubt, den Mietzins für den Rest der Vertragszeit nach § 539 BGB verlangen zu können.

BGB 544.

28.

Der Hausherr verlangt von dem ausgezogenen Mieter Schadensersatz, weil der Parketboden durch das Aufnageln der Teppiche verdorben worden sei. Der Mieter rechnet dagegen einen Anspruch auf Ersatz für die vorgenommene Neutapezierung des Besuchszimmers auf.

Es steht fest, dass der Vermieter der Neutapezierung widersprochen hatte, dass aber die alte grüne Tapete hinter den blauen Möbeln des Mieters eine ästhetisch geradezu unmögliche Wirkung gemacht hatte.

Wie steht es mit den beiderseitigen Ansprüchen?

BGB 547, 548.

29.

Ein Referendar hat für die Dauer seiner Landgerichtsstation zwei leere Zimmer gemietet und mit eigenem Mobiliar ausgestattet. Nach drei Monaten treibt der Hausherr die Vermieterin wegen Ablaufs ihres Kontraktes aus, und verlangt auch von dem Referendar Räumung.

Da diesem erhebliche Umzugskosten erwachsen, will er nicht ziehen. Kann er gezwungen werden?

BGB 556.

* * *

Eventuell will er gegen den Eigentümer und die Vermieterin Schadensersatzansprüche geltend machen.

541, 538.

* * *

Beide berufen sich unter Hinweis auf § 55 4BGB darauf, dass der Referendar seine Monatsmiete noch nie bezahlt habe; dieser zahlt nachträglich noch vor dem Gerichtstermin.

30.

Die Vermieterin weist durch Zeugen nach, dass sie vor Abschluss des Mietvertrages den Referendar ersucht habe, ihren eigenen Vertrag beim Hausherrn einzusehen, weil sie nicht genau wisse, wie lange sie noch zu wohnen habe.

Der Referendar schiebt ihr den Eid zu, dass sie die Dauer ihres Vertrages gekannt habe. Ist der Eid erheblich?

BGB 460, 539, 541.

31.

Eine Wohnung ist mit vierteljährigen Kündigungsterminen und -fristen vom 15. November 1898 ab auf unbestimmte Zeit vermietet. Am 15. Mai 1900 erfolgt Kündigung auf den 15. August.

Wie wirkt diese Kündigung?

BGB 565, EBGB 171.

32.

Fräulein Irma Leichtfus, die alle Maskenbälle der Stadt mitmacht, hat sich gegen eiue Pauschalsumme für die ganze Karnevalszeit ein Kostüm als Pierette leihen lassen.

Bei der Rückgabe will der Verleiher von dem hinterlegten Gelde nicht nur die vereinbarte Summe, sondern auch einen angemessenen Betrag für notwendige Reparaturen des Kostüms abziehen; mindestens, meint er, müsse Frl. Leichtfus die Ausbesserungen selber vornehmen.

Die junge Dame kann sich hierzu nicht bequemen und klagt auf Herauszahlung des einbehaltenen Betrags.

BGB 320, 548.

33.

Ein Bauunternehmer beauftragt einen Immobilienmakler ihm ein Darlehen von 20000 Mark zu verschaffen. Der Makler veranlasst denn auch die Hypothekenbank, auf den Neubau des Unternehmers die gewünschte Summe zu leihen gegen hypothekarische Sicherung.

Da das Grundstück aber bald darauf zu Subhastation kommt, verweigert dic Bank Auszahlung des Geldes. Hat der Makler trotzdem die Provision verdient?

BBG 607, 610, 652.

34.

Ist das Darlehen des Bürgerlichen Gesetzbuchs ein „Realvertrag“? Setzt es unter allen Umständen Eigentumserwerb durch den Darlehnsschuldner voraus?

Vgl. EBGB 94, 97, 98, 99.

35.

A ist von einem Bildhauer in München vom 1. März ab auf zwei Monate als Modell engagirt, findet aber am 1. März die Wohnungsthür verschlossen. Ein Dienstmädchen im unteren Stock weiss zu erzählen, der Herr Professor komme erst nach 6 Wochen aus Rom zurück.

Nach 6 Wochen meldet A sich wieder und bietet seine Dienste für die übrige Zeit an, gleichzeitig den Lohn für die ganze Zeit beanspruchend. Der Künstler aber weigert nicht nur die Zahlung, weil A sich während der Zwischenzeit in München leicht habe gleichen Verdienst verschaffen können: er verlangt auch noch 5000 Mark Entschädigung, weil er durch A's Schuld verhindert worden sei, seinen preisgekrönten, schon früher nach A in Thon modellirten Entwurf rechtzeitig in Marmor auszuführen, und daher sein Honorar verliere. Er sei schon am 2. März wieder von Rom zurückgekehrt, und habe sich nur infolge höherer Gewalt um einen Tag verspätet: die Bahn zwischen Kufstein und München sei nämlich am 1. März durch Wasserstürze unterwaschen und unpassirbar gewesen.

BGB 293, 300, 615.

36.

Ein Gymnasiallehrer hat die prima ballerina des Stadttheaters geheiratet, die noch auf mehrere Jahre Kontrakt hat.

Das Vormundschaftsgericht hat die auf Grund des § 1358 BGB nachgesuchte Ermächtigung zur fristlosen Kündigung versagt, da die Thätigkeit der Frau die ehelichen Interessen nicht beeinträchtige, im Gegenteil die Mittel des Haushaltes erheblich vermehre. — (Mit Recht?)

Der junge Ehemann befürchtet aber einen Schaden für seine soziale Stellung, wenn seine Gattin im Theater tanzt, und bittet um Rat, was er thun könne.

BGB 626 oder 628 Abs. 2?

37.

Eine Verlagsfirma beauftragt ihren angestellten Radirer, zum 400jährigen Todestage Botticellis Radirungen nach den sechs in der Stadt befindlichen Bildern des Meisters herzustellen, und zahlt ihm im Voraus ein fixirtes Honorar.

Nachträglich, nachdem bereits fünf Blätter ausgeführt sind, nimmt der Besteller den Auftrag zurück. Der Künstler verlangt Zugänglichmachung des sechsten Bildes, das im Besitz des Verlages selbst ist, um die Sammlung für sich vollenden zu können.

Der Verlag schlägt dies Ansinnen ab und verlangt ein Sechstel des bezahlten Honorars zurück.

Was ist Rechtens?

BGB 622, 627, 649, 662, 671, 675.

38.

Weichnachten 1899 überrascht der Rentier Weinhold seine alte Haushälterin mit einem lebenslänglichen Anstellungsvertrag, den sie hocherfreut entgegennimmt. Da sie Sylvester 1900 die kostbare Punschbowle, ein altes Familienstück, zerbricht, kündigt ihr Weinhold auf den nächsten üblichen Termin. Muss sie die Kündigung annehmen?

BGB 624, EBGB 95, 170, 171.

39.

A beauftragt den B ihm einen Käufer für sein Haus zu verschaffen. Eines Tages meldet sich X bei A, und die beiden werden über den Hauskaufshandel einig. Schriftliches wird nicht gemacht.

Nachträglich stellt sich heraus, dass X von B geschickt war. Hat B einem Provisionsanspruch?

BGB 652, 873.

40.

Ein Commis inserirt: „Zwanzig Mark Belohnung demjenigen, der mir eine gute Stelle in einem Exporthause verschafft!"

Mit Hilfe eines Stellenvermittlers erlangt der Inserent auch eine Stellung, verweigert aber die Zahlung der 20 Mark, da 1) seine Stellung mit 1200 Mark Jahresgehalt keine „gute", und 2) die Firma kein richtiges Exporthaus sei, sondern viel im Inlande verkaufe. Die Entscheidung, ob der Auslobung entsprochen sei, habe nach § 661 Abs. 2 er allein zu treffen, und er halte die Leistung des Vermittlers nicht für ausreichend.

Der Vermittler meint, das alles gehe ihn nichts an; es sei ihm noch nicht vorgekommen, dass man ihn seine Gebühr abgesprochen habe.

BGB 652, 657.

41.

Der cand. iur. Haasenhertz, der zur Philologie übergehen will, bittet vor der Abreise nach einer anderen Universitätsstadt seinen Freund, den Referendar Faulhaber, seine juristische Bibliothek zu versilbern.

Faulhaber wendet sich an einen Geschäftsmann in der Stadt, der die Bücher denn auch an den Mann bringt, und den Erlös unter Abzug einer angemessenen Provision an Haasenhertz schickt.

Dieser, dem die übersandte Summe klein erscheint, verlangt von Faulhaber Ersatz für den erlittenen Provisionsabzug. Der leugnet den Ersatzanspruch, und will eventuell seine eigene durch die Vermittlung begründete Provisionsforderung in gleicher Höhe aufrechnen.

Wie ist zu entscheiden?

BGB 652, 653, 662, 664, 665, 670, 677, 678, 683.

42.

Jemand verspricht durch Aufruf in allen Zeitungen demjenigen eine halbe Million Mark, der André auffindet.

Wie er aber erfährt, dass der schwedische Kapitän Bergström in der That eine Nordpolexpedition ausrüstet, widerruft er die Auslobung in den gelesensten schwedischen Blättern, mit dem Erbieten, etwa schon gemachte Aufwendungen den Bewerbern ersetzen zu wollen.

Trotzdem Bergström den Widerruf liest, unternimmt er doch seine Expedition.

Kann er seine halbe Million verlangen, falls er André findet? Der Auslober will sich im Notfall darauf berufen, dass sich die Rechte Bergströms nach schwedischem Recht beurteilen, und dass er sich hiernach einen Rücktritt von der Auslobung gefallen lassen müsse.

BGB 658.

43.

Die Polizei hat 300 Mark auf die Ergreifung eines Mörders gesetzt. Habebald entdeckt ihn in einer Kneipe und Eilebeute nimmt ihn gefangen.

Die Polizei spricht jedem der beiden 150 Mark zu. Eilebeute verlangt zwei Drittel und erwirkt gegen die Behörde ein Urteil auf 200 Mark.

Was kann nun die Polizei machen, wenn Habebald von seinem Anspruch auf 150 Mark nichts nachlässt, und insgesamt nicht mehr als 300 Mark zur Verfügung stehen?

BGB 660.

44.

Ein Berliner Musikverlag verspricht durch öffentliche Bekanntmachung demjenigen 3000 Mark Belohnung, der innerhalb eines Jahres die nach dem Urteil von Prof. Hanslick in Wien beste Oper komponirt.

Nachträglich stellt sich heraus, dass Hanslick die neue Oper seines Lieblingsschülers Anton Notenquetscher für die beste seit langen Jahren erklärt hat. Notenquetscher, der jetzt erst von dem Preisausschreiben erfährt, verlangt auf Grund von § 657 BGB die ausgesetzte Zahlung.

Der Verleger weigert die Zahlung, da Notenquetscher sich nicht ordnungsmässig durch Einreichung seiner Arbeit beworben habe, und die Bestimmungen des deutschen Rechts ihm als Österreicher nicht zu Gute kämen.

BGB 661.

45.

A hat während einer Weltreise des B dessen Vermögen verwaltet, und erstattet dem B nach dessen Rückkehr folgende

„Rechnungslegung.

Bestand vor der Abreise . .	213,450 M.
Einnahmen während der Reise	4,113 „
Ausgaben während der Reise .	3,064 „
	1,049 M.
Also jetziger Bestand	214,499 M.

Kann B mehr verlangen?

BGB 666, 259.

* * *

A versäumt mitzuteilen, dass Wertpapiere des B konvertirt worden sind. Kann B für den Zinsausfall Ersatz fordern?

BGB 666.

* * *

Es ergibt sich, dass A Kapitalien von 50,000 M., die er vor einem halben Jahr eingezogen hat, anzulegen versäumt hat. B verlangt unter Berufung auf § 668 tausend Mark für entgangenen Zins.

276.

* * *

A hat eine Reise im Interesse des B unternommen und hat neben den Baarauslagen bei einem Eisenbahnunglück durch Gepäckverlust und körperliche Verletzung Schaden gehabt, auch eigne Geschäfte zu seinem Nachteil versäumt. Kann er Ersatz beanspruchen?

BGB 670.

46.

A erhält von B folgenden Brief: „Mein Geschäfts freund N bittet mich, bei Ihrer Firma noch eine weiter Prolongation des von ihm akzeptierten Wechsels auf Monate zu erwirken. Ich ersuche Sie hiermit höflichs diese Prolongation zu bewilligen."

Nachdem das Akzept prolongirt ist, gerät N i Konkurs. Kann A den B wegen des Ausfalls belangen

BGB 676, 778.

47.

Müller erhält von Schulze den Auftrag, für den Sommeraufenthalt im Seebad eine Wohnung zu mieten, und führt den Auftrag auch aus, obwohl er bei seiner Ankunft in dem Badeort erfährt, Schulze sei gestorben.

Der Erbe Schulze's weigert sowohl Zahlung des Mietzinses, als auch der Reiseauslagen, Müller aber beruft sich auf § 672, wonach das Vertragsverhältnis durch Schulze's Tod nicht erloschen, sondern auf den Erben übergegangen sei. Mit Recht?

BGB 672, 674.

48.

Dämlack wird von Dunkelkopf brieflich gebeten, für ihn das Loos Nr. 3074 der Lippe-Detmoldischen Saalbaulotterie zu kaufen, da ihm diese Nummer im Traume erschienen sei; er liest den Brief daheim bei Tisch im Kreise seiner Familie vor, und erklärt, er wolle das Loos gleich nach dem Essen besorgen. Unter der Mahlzeit trifft ihn aber der Schlag und tötet ihn. Die Erben beachten den Brief nicht weiter.

Am Ziehungstag kommt die Nr. 3074 mit 50 000 Mark heraus. Dunkelkopf klagt diesen Betrag gegen Dämlacks Erben ein.

BGB 146, 151, 673.

49.

A erfährt, dass der Bauunternehmer die Fortsetzung des für den abwesenden B unternommenen Bau's weigere, wenn ihm nicht für die weiteren Baugelder Sicherheit geleistet werde.

Da ihm bekannt ist, dass die Wohnungen des künftigen Miethauses schon im Voraus vorteilhaft vermietet sind, übernimmt er für B Bürgschaft als Selbstschuldner, und zahlt auch demnächst auf Anfordern des Unternehmers gegen Aushändigung eines Schuldscheins von B.

Nach seiner Rückkehr weigert sich B, dem A die gezahlte Summe zu ersetzen, weil er selbst eine ausreichende Gegenforderung gegen den Bauunternehmer besitze. Letzterer ist mit dem Geld spurlos verschwunden. Kann A gegen B vorgehen?

BGB 677, 680, 774.

50.

Hinz übergibt dem Kunz seine Ulmer Dogge zur Aufbewahrung. Dieser lässt das Tier mit seinen eigenen Hunden frei herumlaufen. Dabei verläuft es sich, wird vom Hundefänger aufgegriffen und getötet.

Kann Hinz von Kunz Ersatz verlangen?

BGB 276, 662, 688, 690.

51.

Der Studiosus Nikolai Sutoff in Berlin übergibt im Frühjahr seinen Pelzrock einem Pelzhändler zur Aufbewahrung bis nächsten Winter, verlangt ihn aber nach kurzer Zeit wieder zurück, da er eine Reise in seine Heimat im Kaukasus zu machen hat.

Da Sutoff aber den von dem Händler geforderten Lohn für Aufbewahrung nicht anerkennt, sondern nur die Hälfte bezahlen will, weigert sich der Händler den Pelz herauszugeben. Sutoff aber meint, dass dem Depositar von Rechts wegen überhaupt kein Anspruch auf Entgelt und am wenigsten auf Retention zustehe. Hat er recht?

BGB 273, 688, 689, 695.

52.

Jemand hat die Möbel seines Freundes zur Verwahrung in seiner Wohnung bis zum 1. Dezember aufgenommen, und ausdrücklich versprochen, er wolle unter keinen Umständen die Rücknahme der Möbel vor diesem Termin verlangen.

Im November brennt sein Haus ab und er muss in ein Hotel ziehen. Seine Möbel, die sämtlich gerettet sind, gibt er einem Lagerhalter gegen Entgelt zur Aufbewahrung.

Ist er genötigt, diese Auslagen auch für die fremden Möbel zu machen, oder kann er jetzt deren Rücknahme verlangen, da ein „wichtiger Grund" im Sinne des § 696 vorliegt? Der Hinterleger meint, auf das Recht des § 696 sei ausdrücklich verzichtet, und eine analoge Anwendung des § 671, 3 unzulässig.

BGB ? Siehe die Motive.

53.

A begegnet auf einem Ritt über Land seinem alten Freunde B, den er lange nicht gesehen. Er möchte diesen gern auf dessen Spaziergang begleiten, weiss aber nicht, was mit seinem Reitpferd anfangen.

Ein Gutsbesitzer am Weg, der den Vorgang beobachtet hat, macht den Vorschlag, das Pferd so lange ihm zu überlassen; er könne es gerade verwenden.

Abends verweigert er dem A die Rückgabe des Pferdes, bevor er 3 Mark für Fütterungskosten erhalten habe. Ist er im Recht?

BGB 273, 598, 601, 693.

54.

Ein älteres Geschwisterpaar, das zusammen haust, schliesst einen notariellen Vertrag, dass alles, was sie besitzen und erwerben, zusammengelegt werden und der gemeinsamen Lebensführung dienen soll.

Ist dieser Vertrag rechtswirksam?

BGB 310, 705.

55.

Vier Kapitalisten schliessen eine Gesellschaft zu dem Zweck, ein antikes Theater bei Fiesole ausgraben zu lassen. A giebt 20,000 Mark her, der archäologisch gebildete B übernimmt die persönliche Leitung der Ausgrabungen, C gestattet unentgeltlich das Nachgraben auf dem Terrain seines Landguts in Fiesole, und der Bankier D eröffnet, ohne weitere Ansprüche zu erheben, einen Kredit von 10,000 Mark, um bei diesem Unternehmen genannt zu werden.

Ist ein solcher Gesellschaftsvertrag möglich, und ist die Ausschliessung des D von Gewinn oder Verlust oder von beidem zulässig?

Die italienische Regierung kauft das Theater zu hohem Preise an. Wie ist der Gewinn zu verteilen?

BGB 705, 706, 722.

56.

Ein verschuldeter Maler hat ausser seinen wertvollen Gemälden keinerlei Vermögensstücke mehr pfandfrei. Die Bilder hat er zur Zeit in der Jahres-Ausstellung der Sezessionsgesellschaft, deren Mitglied er ist.

Der Schneider Böckl hat den Künstler im Versäumnisverfahren zu 200 Mark verurteilen lassen, und fragt, wie er seinen Titel vollstrecken kann.

BGB 717, 719, 725.

57.

Ein Opernsänger und eine Sängerin verbinden sich zu einer einjährigen Gastspieltournée. Nach wenigen Monaten wird der Sänger wegen Betrugs in Untersuchungshaft eingezogen.

Ist die Sängerin berechtigt, jetzt einen ihr für ihre Person angebotenen Kontrakt anzunehmen?

BGB 723, 726. Vgl. HGB 133.

58.

„Bescheinigung.

Ich erkenne an, Herrn Ehrmann meinen Schimmel „Fulmen“ zu schulden.

Baden-Baden, 1. Juni 1900.

Grossmaul, Gutsbesitzer.“

Aus dieser Urkunde verklagt, wendet Grossmaul ein

a) es liege Schenkung zu Grunde, und die Form sei nicht gewahrt.

BGB 781, vgl. 518, 780.

b) es liege Wette zu Grunde, und die sei nicht klagbar.

138, 762, 781, 812.

* * *

Wie wäre es mit der Form: „Ich betrachte Herrn Ehrmann als den Eigentümer meines Schimmels „Fulmen“?

59.

I.

B hat für A selbstschuldnerische Bürgschaft übernommen. Nachdem B sich auf Geschäftsreisen begeben hat, verlangt der Gläubiger X neue Sicherung, und C verbürgt sich für B.

Bei Fälligkeit verklagt, macht C die Einrede, weder A noch B seien ausgeklagt.

II.

C gibt zu, dass gegen B auf Grund einer vollstreckbaren Urkunde die Zwangsvollstreckung fruchtlos versucht sei; er beruft sich aber darauf, dass B noch ein Haus besitze.

III.

B hat zwar selbst keinen Grundbesitz, wohl aber eine auf dem Hause von Quidam eingetragene Grundschuld.

BGB 771, 772, 773.

60.

Der Rentier Spärlich schreibt einen Kreditbrief auf sein Bankhaus zu Gunsten des Überbringers und legt ihn auf den Schreibtisch. Von dort weht ein Zugwind das Papier durch das Fenster auf die Strasse, wo Habenichts es findet, auf die Bank trägt und honoriren lässt.

Muss Spärlich die Zahlung gegen sich gelten lassen?

BGB 783 „händigt"?

61.

Heinrich Heine erhielt vor seiner Abreise nach England von seinem Onkel eine Anweisung über 400 Pfund Sterling auf das Londoner Bankhaus Rothschild. Der Kredit war ihm ausdrücklich nur „zur Repräsentation“ eingeräumt; er sollte davon nur einen kleinen Teil, nämlich lediglich das zur Bestreitung der Aufenthaltskosten Nötige erheben dürfen.

Heine war noch nicht 24 Stunden in London, als er die Anweisung präsentirte, worauf Rothschild dem damals schon berühmten jungen Dichter die ganze Summe mit Vergnügen auszahlte.

Hätte der sehr erboste Onkel Heine's Rothschild gegenüber nach BGB die Deckung verweigern können?

Wie, wenn dem Bankhause vor der Auszahlung ein Widerruf zugegangen wäre?

Macht es einen Unterschied, ob Rothschild bei Eingang des Widerrufs dem Dichter schon die Auszahlung versprochen hatte? etwa: er möge am nächsten Tage zur Empfangnahme kommen?

BGB 783, 790.

62.

Ein Dienstbote hat das auf seinen Namen lautende Sparkassenbuch verloren.

Der unehrliche Finder liest vorn die Bestimmung, wonach das Kapital an jeden Inhaber des Buches ausgezahlt werde, und verkauft deshalb seinen Fund an einen gutgläubigen Dritten.

Diesem will der Kassirer die Zahlung verweigern, da er den im Buche bezeichneten Verlierer persönlich kennt. Hat er ein Recht hierzu?

BGB 808, 935?

63.

Der Bauunternehmer Grundehrlich bittet seinen Freund, den Agenten Kohlhaas, ihm eine Hypothek von 50,000 Mark zu verschaffen.

Diesem erzählt am Stammtisch der Privatier Blind, er habe 50,000 Mark zu placiren, worauf ihm Kohlhaas den Grundehrlich als kreditsuchend bezeichnet. Er setzt auch noch, ohne sich vergewissert zu haben, hinzu, das Haus Grundehrlichs sei hoch versichert. In der Folge kommt das Hypothekengeschäft zwischen Grundehrlich und Blind zu stande.

Bald darauf brennt das verhypothecirte Haus nieder, und es erweist sich, dass es gar nicht versichert war, und dass Grundehrlich pfandlos ist.

Kann Blind sich für seinen Schaden bei Kohlhaas erholen?

BGB – ? Vergleiche: HGB 98, BGB 276, 823.

64.

I.

A schreibt seinem Geschäftsfreunde B:

„Die Börse zeigt ein freundliches Gesicht. Der Kurs der Dortmunder Union-Stammprioritäten ist im Verhältnis zur Lage zurückgeblieben; ein weiteres Steigen dürfte bevorstehen.“

B kauft auf diese Auskunft hin die Papiere und muss sie mit Verlust wieder verkaufen. Da er erfährt, dass A selbst Direktor der Dortmunder Union ist, verlangt er von ihm Schadensersatz.

BGB 676, 823?

II.

Der Vormundschaftsrichter hat dem B den Rat und die Ermächtigung gegeben, Mündelgelder in diesen Papieren anzulegen, da er die Anlage nach den Mitteilungen seines Freundes A für sehr vorteilhaft und sicher hielt. Ist er für den Schaden haftbar?

BGB 839, 1811.

* * *

Der schlechte Rat kommt von einem nicht interessirten und gutgläubigen, aber schlecht informirten Auskunftsbureau.

633—35.

66.

Auf Anraten ihres Beistandes, des Notars Dr. Harnisch, akzeptirt die geschäftsunkundige Wittwe Siebengrad für ihren minderjährigen Sohn Philipp einen Wechsel. Der Wechsel wird eingeklagt, und Philipp, da seine Mutter nicht für Vertretung im Termin sorgt, verurteilt; das Urteil wird vollstreckt.

Nachträglich kann Dr. Harnisch im Ordinarium nachweisen, dass die Wechselschuld schon vor Verfall getilgt worden ist. Für den ihm erwachsenen Schaden will sich der inzwischen grossjährig gewordene Philipp erholen, und verklagt seine Mutter, den Dr. Harnisch, den Prozessrichter, den Gerichtsvollzieher und den Wechselgläubiger. Wie weit wird er Erfolg haben?

BGB 276, 277, (823), 839, 840, 1643, 1664, 1686, 1689, 1694, 1822 Z. 9, 1829, 1833.

67.

Auf Anstiften des Wahlkandidaten Ehrlich veröffentlicht der Redakteur Dr. Schreyvogel in seinem Intelligenzblatt am Vorabend der Stichwahl einen Schmähartikel wider den Gegenkandidaten, Rechtsanwalt Windig. Es heisst da, Windig zahle seinen Schuster und Bäcker nicht, verstünde nichts von seinem Beruf und führe ein ausschweifendes Leben.

Die Folge ist, dass Windig in der Wahl durchfällt, dass seine wenigen Klienten ganz ausbleiben und dass seine Verlobung mit der Tochter des Kommerzienrats Wollhaas, von dem eine stattliche Mitgift zu erwarten war, zurückgeht.

Kann Windig von Ehrlich Schadensersatz fordern? Worin würde der Ersatz bestehen? Könnte nicht Ehrlich einen Teil der Schuld auf Dr. Schreyvogel abladen?

BGB 249, 251, 252, 253, 426, 823, 824, 830, 831, 840.

68.

Auf dem Ball fragt eine Dame: „Wer hebt mir meinen Fächer auf?“ Sofort kommt ein Dutzend Herren gestürzt; einer erhascht den Fächer, steckt ihn in die Brusttasche seines Fracks und zerbricht ihn beim Tanzen.

Ist er ersatzpflichtig?

69.

Die Zöglinge eines Pensionats werfen die Scheiben der Strassenlaternen ein. Muss der Direktor die Ersatzansprüche der Stadt und die polizeilichen Strafen bezahlen, und kann er sie den Eltern in Rechnung stellen?

BGB 823, 828, 829, 832.

70.

Der russische Fürst Wassilij Worobjew trinkt im Restaurationswagen des Hamburger D-Zugs eine Flasche Champagner, und wirft dann, total betrunken, die leere Flasche durch die Fensterscheibe.

Auf die Ersatzforderung der Speisewagen-Gesellschaft wendet er ein, er sei so betrunken gewesen, dass er nicht mehr gewusst habe, was er thue. Es müsse ihm jemand Schnaps in den Sekt gegossen haben; denn sonst könne er noch viel mehr, als eine Flasche, vertragen. In der That hat ein Rest im Glase einen starken Zusatz von Cognac gezeigt.

Muss der Fürst trotzdem zahlen?

BGB 827, 829.

71.

Die leere Flasche hat im Flug durch das Fenster einen Bauern am Weg getroffen, und so unglücklich verletzt, dass der Tod erfolgte.

Die Wittwe des Getöteten gebiert nach einigen Wochen ein Kind, und verklagt in dessen Namen den Fürsten auf eine Rente. Ist die Klage begründet?

Sie erbietet sich zu dem Nachweise, das Worobjew den Cognac selbst in seinen Wein geschüttet habe und überhaupt schon betrunken in Hamburg die Reise angetreten habe.

Kommt es auf diese Beweise an?

BGB 827, 829, 844.

72.

A hat die B unter Vorspiegelung eines Eheversprechens zur Gestattung des Beischlafes veranlasst, sie geschwängert und ihr nach Geburt eines Kindes 2000 Mark Abfindung gezahlt. Dem Vormundschaftsgericht ist von dieser Abfindung keine Kenntnis geworden.

Nach 4 Jahren ist kein Geld mehr da, und die B verklagt nun auf Rat des Vormundschaftsrichters den A auf Zahlung der gesamten Alimente für die Vergangenheit, sowie auf die im § 1715 Abs. 1 festgesetzten Leistungen.

Der Beklagte beruft sich auf die Abfindung und auf Verjährung; auch sei er bereit gewesen, das Kind bei sich aufzuziehen.

BGB 195, 825, 847, 1708—1711, 1714.

73.

A kauft gegen baar einen Brillantschmuck, und bittet den Juwelier um Aufbewahrung bis zum folgenden Tag, dem Geburtstag der Madame A.

Der Juwelier legt den Schmuck zu seinen anderen Kostbarkeiten in den „diebssicheren“ Kassenschrank, den er am nächsten Morgen erbrochen und seines Inhalts beraubt findet.

A verlangt sein Geld zurück unter Berufung auf §§ 446, 323 bezw. 325 BGB. Überhaupt sei der Juwelier selbst schuld an dem Verluste, da seine Aufbewahrungsanstalten unzuverlässig gewesen seien, und er sei, weil leichtes Verschulden beim Kauf genüge, schadensersatzpflichtig. Er, A, werde sich einen gleichen Schmuck beschaffen, und die etwaige Preisdifferenz geltend machen.

BGB 690, 929, 930.

74.

Der Schuster Pechvogel findet auf der Strasse ein Portefeuille mit Banknoten und Wertpapieren im Betrag von zusammen 800 Mark. Er inserirt den Fund wiederholt, ohne dass sich ein Eigentümer meldet.

Nach einem Jahr hält sich Pechvogel für den Eigentümer des Fundes, und fängt an, von dem Geld auszugeben.

Ewa fünf Jahre später meldet sich doch noch der von einer Weltreise zurückgekehrte Verlierer. Pechvogel erklärt, von der ihm nach § 977 BGB zustehenden Verjährungseinrede keinen Gebrauch machen zu wollen, ist vielmehr bereit, den noch übrigen Hundertmarkschein und die Werthpapiere herauszugeben, freilich nur gegen Belassung von 20 Mark Finderlohn und Ersatz der Insertionskosten.

Der Verlierer dagegen fordert weiter noch Entgelt für die verbrauchten 300 Mark und die längst verfallenen und verjährten Wertkoupons von 400 Mark. Finderlohn — der übrigens nur 5 Mark betragen würde — will er nicht bewilligen, eben so wenig Ersatz der Insertionskosten. Was ist Rechtens?

BGB 965 Abs. 2, 968, 970, 971, 972, 973, 985 fg., 994 Abs. 1, 1000.

75.

A hat an seinem Granitbruch im Odenwald, der noch auf Jahre hinaus verpachtet ist, dem B durch Vertrag einen Niessbrauch bestellt und im Grundbuch eintragen lassen. B ist hiermit noch nicht zufrieden; er glaubt an den Handwerkzeugen, Fuhrwerken und Gerätschaften, die zum Bruch gehören, nach § 1032 nur dadurch ein Recht erlangen zu können, dass ihm diese übergeben werden.

Ist solche Übergabe nötig, und könnte B sie von A, oder von dem Pächter verlangen?

76.

Hagenbeck stirbt und hinterlässt seinem Schwiegersohn die ganze Menagerie in Hamburg nebst sämtlichen Tieren zur Nutzniessung.

Die Menagerie ist z. Z. im Besitz der Wittwe, welche die Herausgabe weigert, mit Ausnahme von 17 Löwen, die einem Tierbändiger gegen Zahlung einer Pachtsumme überlassen sind; nur zwei wertvolle, zum Tierbestand gehörige, Pferde hat der Schwiegersohn selbst im Besitz, da sie ihm Hagenbeck s. Z. zur Vorführung im Zirkus anvertraut hat.

Wie kommt der letztwillig Bedachte zu seinem Recht?

Der Tierbändiger hat während einer Vorstellung einen revoltirenden Löwen erschossen. Der Niessbraucher will Ersatz verlangen, da der Pächter die Inventarstücke erhalten und abgängige Tiere ersetzen müsse.

Können die Eigentumserben nach Beendigung des Niessbrauchs für einen geschlachteten Bären Ersatz verlangen? Der Niessbraucher meint, die Verwendung sei ganz zweckmässig; in Russland würden Bärensteaks gern gegessen und teuer bezahlt.

BGB 586, 929, 931, 1032, 1036, 1037, 1041.

77.

Kann ein Hypotheken- oder Grundschuldgläubiger seine persönliche Schuld gegenüber dem Eigentümer des belasteten Grundstücks durch Aufrechnung auf die Hypothek oder Grundschuld tilgen?

BGB — ? Vgl. 1113, 1191 „aus dem Grundstücke..."

78.

A hat eine Hypothek auf dem Hause des B, das in den öffentlichen Büchern noch als Eigentum des X eingetragen steht. Obwohl A den Sachverhalt kennt, kündigt er die Hypothek dem X gegenüber, und will nach Ablauf der Kündigungsfrist die Subhastation gegen den ahnungslosen B einleiten.

B, der die Hypothekensumme nicht sofort flüssig machen kann, bestreitet deren Fälligkeit, da A sein Eigentumsrecht gekannt und trotzdem einem anderen gekündigt habe, und beruft sich auf §§ 892, 893.

BGB 826, 1141.

79.

A hat dem Hausbesitzer B 10,000 Mark geliehen gegen Zusage ersthypothekarischer Sicherung. Nachträglich stellt sich heraus, dass auf B's Haus zu Gunsten eines seit 15 Jahren verschollenen Gläubigers bereits eine Hypothek in gleicher Höhe eingetragen ist.

Wie kann A zu seiner ersten Hypothek kommen? Ist es gleichgültig, ob die Zusage des B mündlich, oder in welcher Form sie sonst erfolgt ist? Und ist es möglich, dem einstweilen an zweiter Stelle eingetragenen A ein dingliches Recht auf späteres Nachrücken zu sichern?

BGB 873, 1163, 1170, 1179.

80.

Der Kaufmann Heller hat dem Hausbesitzer Wind beutel auf seinen bereits mit 100,000 Mark belasteten Neubau weitere 50,000 Mark geliehe und eingetragen erhalten.

Nachträglich erfährt er, dass der Wert des Hauses durch die erste Belastung bereits vollständig erschöpft ist, gleichzeitig aber auch, dass die Valuta für diese Belastung noch gar nicht bezahlt ist, und dass Windbeutel die Eintragung wegen Betrugs angefochten hat

Er verlangt deshalb, nach Löschung der fraglicher 100,000 Mark aufrücken zu dürfen. Der Eigentümer beansprucht jedoch nach § 1163 eine Eigentümerhypo thek, um selbst die Subhastation in sein Haus betreiber und dem Heller jede Sicherheit rauben zu können Muss sich Heller das gefallen lassen?

Macht es einen Unterschied, ob die erste Stelle mit einer Hypothek oder einer Grundschuld belastet war?

BGB 123, 873, 1177.

81.

Auf dem Fabrikgebäude der Automobilfabrik Rassel, Schütter u. Co. ist an erster Stelle eine Hypothek von 180,000 Mark, an zweiter Stelle eine Sicherungshypothek nach § 1190 im Betrag von 20,000 Mark eingetragen, und zwar für alle künftigen Forderungen der Firma Heinzelmann Söhne aus Lieferung von Roheisen. An dritter Stelle hat der Rentner Ungewitter 20,000 Mark stehen.

Da Ungewitter seine Zinsen nicht erhält, beantragt er Zwangsversteigerung, und es erfolgt die Beschlagnahme; zu dieser Zeit betrug die Forderung der Firma Heinzelmann Söhne 8000 Mark.

Die Firma liefert aber nach der Beschlagnahme noch für 7000 Mark Eisen.

Als Steigerlös werden 200,000 Mark erzielt. Hiervon beansprucht Ungewitter 12,000 Mark, während Heinzelmann Söhne ihm nur 5,000 Mark zugestehen wollen.

82.

A hat auf seinem Grundstück zu seinen eigenen Gunsten eine verzinsliche Grundschuld bestellt.

Kann er von B, der den Niessbrauch an dem Grundstück ausübt, während der Dauer des Niessbrauchs aus seiner Grundschuld Zinsen fordern?

BGB 1047, 1191, 1196, 1197.

83.

Ist es denkbar, dass ein neunzehnjähriger Student seine noch nicht ganz sechzehnjährige filia hospitalis heiratet?

BGB 3 fg. 1303, 1304, 1305, 1322.

84.

Eine in der Frauenbewegung thätige Dame findet bei der Lektüre des Bürgerlichen Gesetzbuchs einen gar nicht vorhandenen Grund für die Nichtigkeit ihrer eigenen Ehe.

Sie beschliesst deshalb kurzweg, ihren Gatten nochmals zu heiraten.

Ist das möglich?

BGB 1309.

85.

Ist es eine giltige Ehe, wenn jemand die Konkubine seines Vaters heiratet?

Wie ist es, wenn ein unehelich geborenes Kind eine Konkubine seines Erzeugers ehelicht?

Oder wenn es sich nicht um die Konkubine selbst, sondern um deren Tochter handelt?

BGB 1310, 1327.

86.

Zwei Heiratslustige, die sich die vom Standesbeamten erforderten Papiere nicht beschaffen können, erklären die Eheschliessung vor dessen ihnen befreundeten und zur Entgegennahme der Erklärung bereiten Schreiber, welcher denn auch die Eheschliessung in das Heiratsregister einträgt.

Nach zwei Jahren stirbt ihr Kind, und kurz nach ihm der Vater. Die Verwandten des Vaters streiten sich nun mit der Mutter um das Vermögen des Kindes.

* * *

Der vorige Fall.

Kurz nach dem Kind stirbt die Mutter. Deren Verwandte prozessiren mit dem Vater um die Erbschaft des Kindes.

BGB 1317, 1323, 1324, 1699, 1705, 1925, 1931.

87.

Die zwanzigjährige, vermögenslose Tochter eines höheren Beamten heiratet einen vermögenden Industriellen, und erfährt nach der Hochzeit, dass dieser bereits wegen Wechselfälschung im Zuchthaus gesessen hat.

Sie ficht deshalb sofort die Ehe an, und verlangt unter Berufung auf §§ 1345, 1346 Satz 2, 1578 BGB von ihrem Gatten lebenslänglichen, standesgemässen Unterhalt. Dieser bestreitet die Aktivlegitimation, da die Klägerin minderjährig ist, und ihr Vater sich gegen die Anfechtung ausgesprochen hat. Auch erbietet er sich zum Nachweis, dass seine strafrechtliche Verurteilung zu Unrecht erfolgt sei.

Wie ist zu entscheiden?

BGB 142, 1333, 1334, 1336, 1343. Vgl. 122.

88.

Der für volljährig erklärte achtzehnjährige A heiratet eine Kellnerin. Da er der Ehe nach kurzer Zeit überdrüssig wird, will er sie anfechten, mit der Begründung, die nach § 1305 BGB notwendige Einwilligung seines Vaters sei ihm verweigert worden.

BGB 3—5, 1303, 1331.

89.

Unter der üblichen Monatsrechnung des Spezereihändlers findet der Arbeiter X einen Posten für sterilisirte Milch. Da er selbst keine Kinder hat, nimmt er mit Recht an, dass seine Frau die Kindermilch für ihr aussereheliches Kind angeschafft habe, und verweigert deshalb die Zahlung.

Kann der Händler mit Erfolg gegen X klagen? Dieser lebt mit seiner Frau nach gesetzlichem Güterrecht.

Macht es einen Unterschied, wenn die Frau Geld in die Ehe gebracht hat?

BGB 1357, 1386, 1388, 1411 fg., 1601, 1705.

90.

Ein Sohn der Zirkusfamilie Althoff heiratet ein Frl. Renz. Beide bringen einen Pferdestall mit in die Ehe.

Althoff verwendet das gesamte Pferdematerial bei einer Wasserpantomime und beschädigt dabei die Tiere erheblich. Zwei Schulpferde haben bei dem Sprung von dem Podium ins Bassin ihre Beine gebrochen und mussten getödtet werden.

Wie kann sich Frau Althoff-Renz, die weiteres Unglück befürchtet, schützen?

BGB 277, 1359, 1372, 1391, 1418, 1421, 1422.

91.

Ein Ehepaar, das auf Errungenschaftsgemeinschaft paktirt hat, erhält als Hochzeitsgeschenk ein Pferd, welches, da es bald darauf fällt und getötet werden muss, unter Aufwendung der Versicherungssumme durch ein anderes Pferd ersetzt wird. Das Tier wird auf unbestimmte Zeit vermietet.

Während einer Reise des Ehemannes erfährt die Frau, dass der Mieter das Pferd schinde. Sie kündigt deshalb auf drei Tage, ohne die Rückgabe zu erlangen.

Nach seiner Rückkehr klagt der Mann sofort auf Herausgabe. Der Mieter ist im Termin nicht vertreten; der Richter zweifelt, ob er verurteilen kann, da in der Klage die Einhaltung der gesetzlichen Kündigungsfrist seitens des Mannes nicht behauptet ist.

BGB 139, 164, 177, 180, 677, 744, 1375, 1380, 1398, 1401, 1519–21, 1524, 1525 II.

92.

Ein österreichischer Rittergutsbesitzer hat sich durch verfehlte Wetten bei den 99er Frankfurter Herbstrennen und durch unglückliches Spiel in Schulden gestürzt. Er verspricht seinen Frankfurter Gläubigern, eine reiche Erbin zu heiraten, und ihnen alle seine Vermögensrechte aus der künftigen Ehe abzutreten. Die Vereinbarung wird beurkundet.

In London heiratet er eine amerikanische Eisenbahnprinzessin, und nimmt dort sein Domizil. Seine Gattin setzt es aber durch, dass ein Ehevertrag auf Gütertrennung geschlossen wird.

Nach einiger Zeit siedeln die Ehegatten nach Frankfurt über. Was können die Gläubiger machen?

EBGB 16, 170. BGB 138, 400, 762, 1373, 1408, 1435. CPO 861, Vgl. Dernburg, Pandekten, Bd. II § 105.

93.

A ist wegen Beleidigung zu 100 Mark Geldstrafe und in die etwa 50 Mark betragenden Kosten verurteilt worden. An Beitreibung des Geldes ist bei seiner Mittellosigkeit nicht zu denken; allein er heiratet kurz darauf eine vermögende Frau unter Stipulirung der Errungenschaftsgemeinschaft.

Können Strafe und Kosten aus dem Eingebrachten oder der Errungenschaft beigetrieben werden? Und bejahendenfalls: Kann die Ehefrau von dem Manne hiefür Ersatz verlangen?

BGB 1410, 1525, 1530, 1536.

94.

Im Ehevertrag über Errungenschaftsgemeinschaft werden die ererbten Familienbilder der Frau für Vorbehaltsgut erklärt, aber der Verwaltung des Mannes überlassen.

Es stellt sich heraus, dass eines der Porträts ein echter Holbein ist, und die Frau verkauft das Bild an das germanische Museum in Nürnberg für 20000 Mark.

Der Ehemann verlangt jetzt die Zinsen der 20000 Mark zum Unterhalt für ein ersteheliches Kind, den er nicht allein bestreiten kann. Mit Recht?

BGB 1360, 1370, 1427, 1441, 1526.

95.

Nach vertragsmässiger Einführung der Gütergemeinschaft eröffnet die Frau ein Konfektionsgeschäft. Der Ehemann erteilt ihr in einer notariellen Urkunde seine Zustimmung und verpflichtet sich, sich jeder Verfügung über das Geschäft zu enthalten.

Das Geschäft florirt, und als der Mann erfährt, die Frau wolle es veräussern, verkauft er es sofort selbst um einen guten Preis. Nachträglich stellt sich aber heraus, dass die Frau das Geschäft bereits vorher verkauft hatte.

Nun zedirt jeder der Ehegatten seine Rechte an dem Geschäft seinem Käufer, und die beiden Käufer prozessiren mit einander. Mit welchem Erfolg?

BGB 137, 400, 1443, 1456. CPO 860.

96.

Eine Frau, die mit ihrem Mann in Gütergemeinschaft lebt, kauft ohne dessen Zustimmung eine neue Equipage. Der Mann verweigert Zahlung; der Verkäufer klagt unter Berufung auf §§ 1357 und 1458. Wie ist zu entscheiden?

BGB 1459, 1460.

97.

Eine Frau wird von ihrem Ehemann mit einem Fremden im Bette liegend betroffen. Der Mann schiesst den Fremden nieder und feuert dann auf die Frau, ohne sie zu treffen.

Nach diesem Vorfall setzen die Ehegatten das eheliche Leben über ein halbes Jahr fort. Jetzt klagt die Ehefrau auf Aufhebung der ehelichen Gemeinschaft, welche Klage der Ehemann mit dem Scheidungsantrage und einer Widerklage beantwortet.

Nachdem der Prozess ein halbes Jahr gedauert hat und wenig Erfolg verspricht, erhält die Frau Kenntnis von einem mehr als zehn Jahre zurückliegenden Ehebruch ihres Mannes. Sofort macht sie auch diese Thatsache im Prozess geltend.

Wie wird das Urteil ausfallen?

BGB 1565, 1566, 1568, 1570–1576. CPO 614, 616.

* * *

Für den Fall der Scheidung will der Mann der Frau die Führung seines Namens untersagen.

BGB 1577. pr. ABGB 68, BGB 129.

98.

Durch Urteil des Oberlandesgerichts vom 1. Dezbr. 1899 ist die Ehe der Eheleute Friedlieb wegen Ehebruchs der Ehefrau geschieden, und diese für den allein schuldigen Teil erklärt.

Die Frau nimmt den Säugling und die 16jährige Tochter mit in ihre neue Wohnung.

Nach Rechtskraft des Scheidungsurteils laufen beim Vormundschaftsgericht am 1. März 1900 folgende beiden Anträge ein:

1. vom Mann: ihm die beiden Kinder zuzusprechen,
2. von der Frau: das Nötige zu veranlassen, da der Mann sie und die Kinder ohne jede Unterstützung belasse.

BGB 1565, 1601, 1610, 1612, 1627, 1630, 1631, 1634, 1635. EBGB 206.

99.

Knickenberg hat seinem Sohn, dem minderjährigen Studiosus Balthasar K., als Pauschal-Summe statt des Monatswechsels für das ganze Semester 600 Mark auf die Universität mitgegeben.

Nach 6 Wochen schon sitzt Balthasar auf dem Trocknen.

Der Vermieter und der Speisewirt halten sich an den alten Knickenberg. Dieser wendet ein, die actiones adiecticiae qualitatis seien abgeschafft, Balthasar habe eigenes Vermögen, er selbst habe ihn auch ausreichend unterstützt. Die Gläubiger repliziren, Knickenberg hätte dem als leichtsinnig bekannten Balthasar nicht den ganzen Semestral-Wechsel auf einmal geben dürfen.

Muss Knickenberg zahlen?

BGB 276, 677, 679, 683, 760, 823, 1601, 1612.

100.

Auch sonst erlebt Knickenberg an seinem Balthasar wenig Freude. Balthasar hat in der Expedition des „Volksfreund“, der in seinem Leitartikel gegen die akademische Freiheit von dem „mittelalterlichen Duellunfug“ gesprochen hatte, mit Tintenfässern die Scheiben eingeworfen, und hat dadurch die frische Tagesauflage des Blattes unbrauchbar gemacht. Die Mutter Knickenberg hatte das Söhnchen in diesem Vorhaben bestärkt.

Der Zeitungseigentümer klagt, und beantragt Arrest auf die Mietzinsforderungen aus dem den 3 Knickenbergs gemeinsam gehörigen Haus zu legen. Ist der Antrag — vom Arrestgrund abgesehen — begründet? Was macht es für einen Unterschied, in welchem Güterrecht die Eheleute Knickenberg leben?

BGB 823, 828, 832, 1384—88, 1411, 1530, 1531—34, 1631, 1634, 1659. CPO 861, 862.

* * *

Muss der Vater für die Kosten der Verteidigung aufkommen?

BGB 1387, 1654.

101.

Während der Universitätsferien weigert sich Balthasar, im väterlichen Geschäft bei der Inventarisirung und Aufstellung der Bilanz zu helfen. Mit Recht?

BGB 1617.

102.

Als der Vormundschaftsrichter, Assessor Kleinlaut, am Morgen des 2. Januars 1900 auf sein Bureau kam, erwarteten ihn folgende „freiwillig erschienenen“ Personen:

1. Frau Gerichtsvollzieher Siegel. Sie beklagte sich über ihren Ehemann, der ihr das grossgeblumte Kleid beharrlich verweigere, obwohl sie ihm 20,000 Mark mit in die Ehe gebracht habe, und sie es sich viel besser leisten könnten, als der Kanzlist Grosshans, der seiner Frau ein solches Kleid gekauft habe. Ihr Mann habe sogar öffentlich in der Zeitung gewarnt, ihr etwas zu borgen, da sie gedroht habe, das Kleid selbst zu kaufen. Die Grosshans sei ausser sich vor Vergnügen; überhaupt wisse ja jedermann, was mit den Grosshansens los sei u. s. f. u. s. f.

BGB 1354, 1357, 1360 Abs. 1, 1610.

2. Der Quartaner Karlchen Miessnick (heulend): So oft er eine schlechte Zensur heimbringe, kriege er fürchterliche Haue; gestern früh habe ihn sein Vater, der angezecht von einer Sylvesterfeier nach Hause gekommen sei, sogar ganz ohne Grund geprügelt. Es falle ihm gar nicht ein, sich das noch länger gefallen zu lassen.

BGB 1666.

3. Der Rentier Schwachmeyer. Er beklagt sich bitter über seinen Sohn, der böse Streiche mache und gar nicht zu bändigen sei. Er bittet das Gericht, den Jungen mal einen Tag ins Loch zu stecken.

BGB 1631 Abs. 2.

Muss sich Assessor Kleinlaut um diese Dinge kümmern?

103.

Der Waisenrat zeigt bei Gericht an, dass die Stiefmutter das kleine Töchterchen fortgesetzt in roher Weise misshandelt. Was ist zu thun?

Was macht es für einen Unterschied, ob der Vater von den Misshandlungen weiss?

BGB 1627, 1631, 1634, 1666.

104.

Der verwittwete Michel Frauenlob hat sein kleines Töchterchen im Fröbelstift untergebracht. Der Verpflegungsvertrag enthält als Klausel folgenden § der Statuten: „Der gesetzliche Vertreter verpflichtet sich, das Kind nicht vor Vollendung seiner Erziehung aus dem Stifte zu nehmen."

Da Frauenlob wieder geheiratet hat, möchte er sein Töchterchen wieder zu sich nehmen. Kann er das?

BGB 138, 1627, 1631, 1632, 1666?

105.

Ein Kind ist Hauseigentümer. Der Vater, der das Haus verwaltet, kauft aus dem Quartal-Mietsertrag einen in blanco indossirten Wechsel.

Ein Gläubiger des Vaters lässt den Wechsel pfänden. Der Vater intervenirt namens des Kindes, da letzteres nach § 1646 Eigentümer geworden sei; auch habe die nach § 1653 zum Ankauf des Wechsels erforderliche Genehmigung des Vormundschaftsgerichts gefehlt.

Wird die Intervention Erfolg haben?

BGB 99, 100, 1649, 1652.

106.

Ein Minderjähriger ist Eigentümer eines Zinshauses, das von dem Vater verwaltet wird. Nachdem dieser aber auf Antrag der Mutter wegen Tobsucht in einer Irrenanstalt untergebracht werden musste, ist die Frage, wer künftighin zur Beitreibung der Mietgelder befugt ist, und wem diese Gelder zukommen.

BGB 100, 104, 105, 1638, 1649, 1652, 1656, Vgl. 1657, 1676, 1678, 1685, 1909, 1910.

107.

Die 20jährige Klavierlehrerin Cäcilie Schwanenhals lebt bei ihrem Vater, der Sänger ist. Sie hat von ihrer Mutter ein Klavier ererbt, das sie zum Unterricht benutzt. Muss sie dulden, dass ihr Vater auch seine Gesangsübungen an ihrem Klavier vornimmt?

BGB 1617, 1650.

* * *

Sie verkauft ihr Klavier, und legt den Erlös auf der Sparkasse an. Kann der Vater das Geld zur Bezahlung eigner Schulden verwenden? Kann er dafür Türkenlose kaufen? Hat er die Zinsen davon?

BGB 1638, 1642, 1650, 1653, 1807 f.

* * *

Wie wäre es, wenn das Klavier von der Tochter aus ihrem Stundenhonorar angeschafft wäre?

BGB 1638, 1651.

108.

A lebt seit 20 Jahren von seiner in Hamburg wohnenden Frau getrennt in Baltimore.

Die 19jährige Tochter, die bei der Mutter lebt, verlobt sich; A aber verweigert eigensinnig die Einwilligung zur Eheschliessung und lässt die Briefe von Frau und Tochter uneröffnet zurückgehen.

Das Mädchen fragt einen Anwalt um Rat. Dieser erkundigt sich zunächst, ob der Vater ausreichende Unterhaltsmittel hat, und meint auf die bejahende Antwort, dann bleibe nur übrig, das Ruhen der väterlichen Gewalt gerichtlich feststellen zu lassen.

Wie ist es damit, und ist sonst nicht zu helfen, falls das Gericht den Antrag ablehnt?

BGB 3, 4, 1304, 1305, 1307, 1308, 1627, 1666—68, 1670, 1677, 1685.

109.

Eine Mutter ist wegen Misshandlung ihres kleinen Töchterchens zu sechs Monaten Gefängnis verurteilt worden; der Vater ist vor Gram hierüber verstorben.

Während der Gefangenschaft der Mutter unterhält der 19jährige Sohn das Schwesterchen und die Haushaltung mit seinem Arbeitsverdienst und verlangt seine Auslagen von der Mutter nach der Strafverbüssung zurück. Diese bestreitet ihre Ersatzpflicht; sie meint, der Sohn stehe unter ihrer elterlichen Gewalt und habe deshalb gar nichts von ihr zu verlangen.

BGB 1618, 1680, 1684, 1686.

110.

Frau Fuchs hat in ihrem im Jahr 1899 errichteten Testament den Oberlehrer Heiser als Vormund ihres Töchterchens benannt, und ist ein Jahr später verstorben.

Der überlebende Wittwer hat sich dem Trunk ergeben und ist so heruntergekommen, dass ihm durch Beschluss des Vormundschaftsgerichts das Recht entzogen worden ist, den Aufenthalt seines Kindes zu bestimmen; zur Ausübung dieses Rechts ist Heiser als Pfleger bestellt worden.

Fuchs schreibt nun an Heiser, als Vater entziehe er ihm die Vormundschaft über sein Kind; bald darauf hebt das Vormundschaftsgericht seinen Beschluss wieder auf.

Muss, oder kann nun das Vormundschaftsgericht den Oberlehrer Heiser als Vormund bestellen?

BGB 1666, 1776—79, 1782, 2231 Z. 2. EBGB 203, 213.

111.

Beim Vormundschaftsgericht geht die Anfrage eines Bankinstituts ein: „Da nach Bürgerlichem Reichsrecht eine gerichtliche Genehmigung nicht erforderlich ist, wenn ein Vater Wertpapiere seines minderjährigen Kindes veräussern will, um den Erlös für sich zu verwenden, sind wir im Zweifel, ob der Vater ohne solche Genehmigung auf das Effektenkonto des Kindes entnehmen kann, und bitten um geneigten Bescheid, wie wir uns in solchen Fällen gesetzmässig zu verhalten haben."

Wie ist die Fragstellerin zu bescheiden?

BGB 1643, 1822 Z. 8 (1812).

112.

Der kleine Peter soll in die Stadt aufs Gymnasium geschickt werden. Sein Vater ist wegen Verschwendung entmündigt, seine Mutter lebt nicht mehr. Wer hat nun dafür zu sorgen, dass Peter in einer geeigneten Familie untergebracht wird, und wer hat den Verpflegungsvertrag für ihn abzuschliessen?

BGB 106, 107, 114, 1627, 1629, 1630, 1631, 1676, 1909.

113.

Der Erzeuger eines unehelichen Kindes heiratet die Mutter, und stirbt bald darauf, ohne seine Vaterschaft anerkannt zu haben.

Das Kind besitzt ein von dritter Seite ererbtes Kapital. Kann die Mutter aus diesem Kapital während der Minderjährigkeit des Kindes die Zinsen ziehen?

BGB 1649, (1651_2), 1684, 1688, 1707, 1719, 1720.
CPO 640.

114.

Röschen Neupeter hat den Weinreisenden Flitte geheiratet, ist aber von ihm nach den Flitterwochen böslich verlassen worden.

Nach einigen Jahren gebiert die jetzige Frau Flitte infolge ihres Umgangs mit dem Buchhändler Pasvogel ein Kind, setzt dann die Ehescheidung gegen Flitte durch, und heiratet Pasvogel, der bei der Trauung seine Vaterschaft zu Protokoll anerkennt.

Zweifelhaft ist nun der Familienname des Kindes. Die Eheleute wünschen Eintragung auf den Namen Pasvogel; der Standesbeamte meint aber, das Kind müsse seinen Namen nach der Flitte'schen Ehe behalten, in welcher es geboren sei. Hiergegen protestirt Flitte's Anwalt, da das Kind ausserehelich gezeugt ist; er meint, das Kind heisse Neupeter, zumal die Ehe mit Pasvogel nach § 1328 nichtig sei.

Wer hat Recht?

BGB 1591, 1593, 1616, 1706, 1720, 1909.

115.

Hans heiratet die Grethe und bekennt sich bei der Trauung als Vater von deren unehelichem Kind Michel.

Der Vormund Michel's, welcher die Aufnahme seines Mündels in den Haushalt des trunksüchtigen Hans nicht wünscht, giebt den Jungen jetzt rasch zu einem Schreiner in die Lehre; von diesem verlangt Hans seinen Sohn unter Berufung auf § 1632 BGB heraus.

Muss der Lehrherr diesem Ansinnen Folge leisten?

BGB 177, 1626, 1630, 1719, 1720, 1793, 1883.

116.

X hat bei der Eheschliessung vor dem Standesbeamten die Vaterschaft an dem unehelichen Kind der Braut anerkannt, möchte diese Erklärung aber jetzt widerrufen, da er erfahren hat, seine Frau habe bis zur Verheiratung unter Sittenkontrole gestanden, auch glaubt, seine eigene Zeugungsunfähigkeit durch Ärzte nachweisen zu können.

Was ist ihm zu raten?

BGB 1718, 1720. CPO 641.

117.

Ein Mädchen hat den Erzeuger seines unehelichen Kindes geheiratet, kann ihren nunmehrigen Ehemann aber nicht zur Anerkennung der Vaterschaft bewegen.

Sie ist entschlossen, als Vormünderin des Kindes gegen ihren Ehemann nach § 640 CPO zu klagen; ihr Anwalt, Dr. Schwerebrett, versichert aber, dies sei unmöglich, denn falls der Ehemann in Wahrheit Erzeuger wäre, sei er durch die Ehe rechtmässiger Vater und gesetzlicher Vertreter geworden, und es fehle daher zur Klage die Aktivlegitimation.

Kann der Frau nicht geholfen werden?

BGB 1720, 1883, 1909.

118.

Ein Ehemann möchte gerne dem vorehelichen Kind seiner Frau den Makel der unehelichen Geburt nehmen, ihm seinen Familiennamen geben und es zu seinem Kind machen.

Ist die Ehelichkeitserklärung möglich? Was für einen Rat kann man dem Manne geben?

BGB 1706, 1719, 1723, 1741.

119.

Das uneheliche Kind der X ist auf Antrag seines natürlichen Vaters für ehelich erklärt worden. Da der Vater völlig vermögenslos, überdies trunksüchtig und deshalb auch entmündigt ist, will die — übrigens gleichfalls vermögenslose — Mutter das Kind bei sich aufziehen.

Ist sie hierzu berechtigt?

BGB 114, 1676, 1677, 1738, 1739.

120.

Kann ein Zeuge deshalb seine Aussage verweigern, weil sein Bruder von der einen Partei nach § 1719 oder 1723 BGB legitimirt worden ist?

BGB (1737, 1590), CPO 383 Z 3.

121.

Sind die „libri incestuosi“ auch nach dem BGB odios privilegirt?

BGB 1732.

122.

Die A klagt für ihr uneheliches Kind gegen B au Alimentation.

B exzipirt, der X habe der Mutter während de kritischen Zeit beigewohnt. Beweis: X.

A replizirt, sie sei damals schon schwanger ge wesen. Beweis: ihre Mutter.

B. duplizirt, die geringe Reife des Kindes wider lege das. Beweis: Ärzte.

A triplizirt, B habe in einem Sühnetermin vor den Bezirksvorsteher, und schon während der Schwanger schaft vor dem Schöffengericht als Zeuge in einer Be leidigungssache seine Vaterschaft anerkannt. Beweis Sühneprotokoll und gerichtliches Zeugenprotokoll.

Was ist von den angebotenen Beweisen erheblich

BGB 1717, 1718.

123.

Auf die Klage der Operettensängerin, Frl. Lisa Nachtfalter, ist der Privatier Hans Gutsmuts zur Alimentation des unehelichen Kindes Felix verurteilt worden, und hat auch bald darauf das Kind legitimirt.

Der mit Frl. Nachtfalter ebenfalls intim befreundete Gutsbesitzer Zipperlin hat den Felix adoptirt und auf seine Kosten erziehen lassen.

Später heiratet der Musikus Fiedler die Nachtfalter und bekennt sich vor dem Standesbeamten als Vater des nunmehr 16 jährigen Felix, der sich zum Wunderkind ausgebildet hat und durch Konzertgeben grosse Summen verdient.

Gutsmuts, Zipperlin und Fiedler streiten sich nun darum, wer Felix in seinen Haushalt aufnehmen dürfe.

Wer siegt?

BGB 1708 fg., 1719, 1723, 1736, 1757.

124.

An Stelle des Schufterle wird auf Rat des Waisenrats Roller zum Vormund bestellt. Schufterle wird benachrichtigt und zur Rücksendung seiner Bestallung aufgefordert.

Allein Schufterle benutzt die Bestallung noch, um auf den Kredit seines reichen Mündels einen kostbaren Gegenstand zu kaufen, versetzt diesen und verschwindet.

Der Verkäufer verlangt Bezahlung.

BGB 177—180, 1791.

125.

Ein Findelkind wird in das städtische Findelhaus eingeliefert und von dem Vorstand auf sechs Jahre in der Familie des Schreiners Schmalhans gegen angemessene Vergütung untergebracht.

Nachträglich stellt sich die Identität des gefundenen mit einem bereits standesamtlich gemeldeten Kind heraus, für welches schon gerichtsseits ein Vormund bestellt worden ist.

Muss nun der Vormund den sechsjährigen Verpflegungsvertrag gelten lassen? Und verneinendenfalls: Kann Schmalhans entgangenen Gewinn geltend machen und gegen wen?

BGB 177—179, 1793. EBGB 136. ABGB 78. FGG 36.

126.

Habersack ist bestellter Vormund seiner beiden Neffen Paul und Karl, und betreibt ein Fuhrgeschäft, das ihm und Paul gemeinsam gehört.

Für diesen Geschäftsbetrieb verwendet er ein dem Karl gehöriges Luxuspferd, das sichtbar an Rotz leidet. Die Folge ist, dass der ganze Stall in Folge Ansteckung erkrankt.

Karls Reitknecht hat beim Überbringen des Pferdes aus Zorn über die sportswidrige Verwendung Gift in die Stalltränke gemischt, so dass mehrere Pferde erkranken und eins eingeht.

Paul verlangt von seinem Onkel Schadensersatz.

BGB 181, 277, 278, 708, 831, 832, 1793, 1795, 1833.

127.

Die A, Vormünderin ihres unehelichen Kindes, heiratet; der Ehemann verspricht das Kind wie seine leiblichen Kinder zu halten, und schliesst mit der Mutter-Vormünderin einen notariellen Verpflegungsvertrag.

Nachträglich entstehen eheliche Zwistigkeiten und der Stiefvater erfüllt seine Vertragsverpflichtungen nicht gegen das Kind. Die Mutter will Rat.

BGB 177—180, 1741, 1793, 1794, 1795, (1887), 1909.

128.

Der Vormund reicht den Entwurf eines Vergleichs zwischen dem Mündel und einem Dritten beim Vormundschaftsgericht ein mit der Bitte um Genehmigung. Das Gericht genehmigt, macht aber dem Vormund keine Mitteilung.

Der Vormund schliesst den Vergleich trotzdem ab unter Berufung auf die (angeblich) erteilte gerichtliche Genehmigung.

Nachträglich setzt der Vergleichsgegner dem Vormund unter Bezugnahme auf §§ 184, 1828, 1829 eine Frist zur Beibringung der gerichtlichen Genehmigung, widerruft aber schon nach einer Woche unter Berufung auf § 1830.

Vgl. auch 130, 132 neben den zitirten §§.

129

Eine in Berlin wohnende Französin, die infolge dort gepflogenen Geschlechtsverkehrs ein Kind geboren hat, beantragt beim Amtsgericht die Bestellung eines Vormundes behufs Erhebung der Alimentationsklage.

Was hat der Vormundschaftsrichter zu verfügen?

BGB 1846, 1909, EBGB 21 u. 23, FGG 36.

130.

Ein Bankier hat eine seinem Mündel gehörige Obligation von 1000 Mark nebst Talon und 10 fälligen Coupons in seinem feuer- und diebssicheren Kassenschrank liegen.

Sein Socius, der starke Spielverluste gehabt hat, brennt mit dem ganzen Wertinhalt des Schrankes nach Amerika durch. Die Obligation wird ausser Kurs gesetzt, die Coupons bleiben verloren.

Muss der Vormund Ersatz leisten?

BGB 1814, 1833. EBGB 176.

131.

Der Vormund hat für das Mündel 1000 Mark eingenommen. Davon lässt er 500 Mark zinslos in der Schublade liegen, die restlichen 500 Mark behält er als „Darlehen" und verwendet sie für sich. Wie viele Zinsen hat er dem Mündel zu zahlen?

BGB 181? 246, 1807, 1808, 1833, 1834.

132.

Für einen Minderjährigen sind zwei Vormünder bestellt. Der eine will das Mündelvermögen in Industrieaktien, der andere in zweiten Hypotheken anlegen; beide begründen ihre Absicht mit dem Hinweis auf grösseren Zinsertrag und bessere Sicherheit.

Was hat zu geschehen?

BGB 1797, 1807, 1811, 1837, 1844, 1886. Preuss. Ausf. Ges. zum BGB. Art. 73—76.

133.

Nachdem der Vormund zweier Brüder 14 Tage im Amt ist, wird der ältere Mündel grossjährig.

Der Vormund wird vom Gericht aufgefordert für den älteren Bruder Schlussrechnung, für den jüngeren Vermögensverzeichnis einzureichen.

Nachdem dies geschehen, verlangen beide Brüder unter Berufung auf § 260 Leistung des Offenbarungseides, weil nicht alle Vermögensgegenstände aufgezeichnet seien.

BGB 260, 1802, 1890.

134.

Eine unverehelichte Kindsmutter kommt zum Vormundschaftsgericht zugereist, erklärt, ihr im Jahre 1895 von Gesetzeswegen Vormund gewordener Vater sei wegen hohen Alters und körperlicher Gebrechen nicht mehr tauglich und bittet um ihre eigene Bestellung. Eine entsprechende Äusserung des zuständigen Waisenrats hat sie gleich mitgebracht.

Kann der Vormundschaftsrichter sie verpflichten, oder was kann er sonst thun?

EBGB 210. BGB 1889. Vgl. 1790.

135.

Der Kaufmann Sörgel setzt unter wohlmeinender Enterbung seines Sohnes dessen Kinder als Erben ein, und entzieht auch dem Sohne die Verwaltung dieses Erbvermögens. Er bestimmt weiter in seinem Testament: „mein Geschäft soll in gleicher Weise, wie bisher, fortgeführt, und die Verwaltung im Übrigen mit möglichst geringen Kosten bestritten werden."

Alsbald nach dem Tode Sörgels übernimmt ein Bruder des enterbten Sohnes die Verwaltung.

Das Geschäft geht zu Grunde. Die bei einem soliden befreundeten Bankhaus deponirten Wertpapiere werden gestohlen.

Die Erben verlangen Schadensersatz:

a) von ihrem Vater,

b) von ihrem Onkel,

c) vom Vormundschaftsrichter.

Sie berufen sich auf §§ 1627, 1628, 1803, 1852 fg.

BGB 677, 678, 1638, (1807), 1814 fg., 1848, 1909, 1915.

136.

Das Vermögen eines nach Paris geflohenen Landesverräters, der nach den bestehenden Verträgen nicht auslieferbar ist, ist im Jahre 1899 durch Gerichtsbeschluss gemäss § 332 fg. StPO mit Beschlag belegt, und es ist für die Vermögensverwaltung ein Pfleger bestellt worden.

Im Jahre 1900 bevollmächtigt der Geflohene von Paris aus einen Anwalt, und dieser verlangt unter Berufung auf § 1909 fg., BGB Art. 210 EBGB, vom Pfleger das Vermögen heraus, weil die Pflegschaft beendet sei.

BGB 1919 EBGB 32.

137.

Der schwachsinnige A ist in der Idiotenanstalt untergebracht und erhält auf Veranlassung des Anstaltsleiters ohne Weiteres einen Pfleger bestellt. Dieser Pfleger schliesst über die Wertpapiere des A einen Kaufvertrag, und weiter mit der Anstalt einen lebenslänglichen Verpflegungsvertrag unter Verwendung des Kaufpreises.

A, dem es gelungen ist, aus der Anstalt zu entweichen, erteilt einem wegen Geistesschwäche entmündigten ehemaligen Rechtsanwalt, den er in der Anstalt kennen gelernt hat, Vollmacht, und nun schliesst dieser einen zweiten Kaufvertrag über die Wertpapiere. Endlich verkauft A seine Papiere nochmals selbst.

Wer von den drei Käufern kann die Übergabe der Papiere verlangen?

* * *

Kann der Pfleger den A zwangsweise in die Anstalt zurückbringen?

BGB 104, 107, 114, 164, 165, 433, (929, 932), 1793, 1910, 1915. Vgl. Entsch. d. RG Band 14 S. 269.

138.

Dem mit unbekanntem Aufenthaltsort abwesenden X wird ein Pfleger bestellt, und dieser klagt gegen das Kind X auf Feststellung der Nichtehelichkeit.

Im Verhandlungstermin tritt plötzlich A selbst herein und erklärt: „ich nehme die Klage zurück".

Was hat der Prozessrichter zu thun?

BGB 1595, 1596, 1911. CPO 53.

139.

Der über das Vermögen der zwanzigjährigen Wittwe Klein kurz nach dem Tode ihres Mannes eröffnete Konkurs ist nach mehr als einjähriger Dauer des Verfahrens aufgehoben worden.

Nach der Aufhebung, von der er noch keine Kenntnis hat, verkauft der dem Töchterchen Klein bestellte Pfleger dessen silberne Sparbüchse, um neue Kleidung für das Kind beschaffen zu können. Die Mutter ist hiermit nicht einverstanden, da es sich um ein Familienstück handelt; kann sie den Kauf rückgängig machen?

BGB 106, 1647, 1676, 1682, 1686, 1893, 1915.

140.

Müller will seine auf dem Hause des Schulze ruhende Hypothek kündigen; er liest aber in den Zeitungen, dass Schulze auf einer Reise im Balkan von türkischen Räubern gefangen worden ist und in einer Bergfestung festgehalten wird.

Müller wendet sich deshalb ans Gericht, und dieses bestellt dem Schulze einen Pfleger, welcher die Kündigung entgegen nimmt. Weiter tritt der Pfleger eine dem Schulze anerfallene Erbschaft an.

Nachträglich stellt sich heraus, dass Schulze nach Bestellung des Pflegers, aber schon vor der Kündigung und dem Erbfall von den Räubern getötet worden ist. Welche Wirkungen haben die Kündigung und die Erbannahme für den Schulze'schen Nachlass?

BGB 132, 1141, 1911, 1921—23, 1942, 1943, 1952. Vgl. Entsch. des KG in Band 17.

141.

Im Testament des Obersten von Schreiberhau befindet sich folgender Passus:

„. . . auch soll meine liebe Frau mit dem Vermögen unserer minderjährigen Kinder frei schalten und walten dürfen, ohne dass Gerichte oder Behörden etwas darnach zu fragen haben. Sie soll auch von jeder Rechnungslegung, Hinterlegung, Inventarisirung, von allen Vorschriften über Anlegung und Verwaltung, kurz von jeder gerichtlichen Einmischung befreit sein."

Ist diese Bestimmung wirksam?

BGB 1638, 1639, 1640, 1642, 1686.

142.

Fritzens Vater hat vor seinem Ableben testamentarisch bestimmt:

„Ich will, dass mein Freund Huber Vormund meines Sohnes sein soll. Sollte er sich weigern, so möge ihn das Gericht mit allen zulässigen Mitteln zur Übernahme des Amtes zwingen.“

Richtig macht Huber eine Eingabe, und bittet, von seiner Bestellung abzusehen, wird aber auf Vorschlag des Waisenrats dennoch zur Verpflichtung zitiert. Da er jedoch vor dem Termin ohne Entschuldigung abreist, wird das Ordnungsstrafverfahren gegen ihn eingeleitet.

Jetzt beschwert sich der Grossvater Fritzens als gesetzlich berufener Vormund wegen Übergehung, und zwar mit Erfolg. Nach seiner Bestellung findet er, dass dem Mündel in der Zwischenzeit mangels ordnungsmässiger Vertretung erheblicher Schaden entstanden ist, und will wissen, gegen wen er auf Ersatz klagen kann.

BGB 1776, 1778, 1779, 1785, 1787, 1788.

143.

Ein Vater hat das zu Gunsten seines Kindes von einem Dritten errichtete Testament zu seinem Vorteil gefälscht und ist deshalb zu 3 Jahren Zuchthaus verurteilt worden.

Wer verwaltet jetzt das Erbvermögen und zieht die Zinsen?

BGB 1677, 1678, 1680, 1773, 1909.

144.

Zwei Jahre, nachdem Schwerdtlein seine Ehefrau verlassen hat, gebiert diese ein Kind. Sie betreibt nun die Ehescheidung wegen böslicher Verlassung und heiratet nach Rechtskraft des Urteils den Erzeuger des Kindes. Drei Monate nach der Eheschliessung kommt ein zweites Kind zur Welt.

Jetzt stirbt der zweite Ehemann der Frau Marthe unter Hinterlassung eines Bruders. Wie ist es mit der Beerbung?

BGB 1581, 1592—95, 1924, 1925, 1931.

145.

Der Grossvater hat unter Enterbung des Vaters das Kind zum Erben eingesetzt, auch dem Vater die Vermögensverwaltung entzogen.

Der Vater tritt nun für das Kind die Erbschaft an und benennt in seiner vor dem Notar abgegebenen Antrittserklärung für den Fall seines Todes der Mutter einen „Beistand“ für die Verwaltung des Erbvermögens.

Nach dem demnächst erfolgten Ableben des Vaters bestellt auch das Vormundschaftsgericht den benannten Beistand; die Mutter beantragt jedoch die Wiederaufhebung der Beistandschaft, da sie als Handelsfrau der Vermögensverwaltung wohl gewachsen sei, und der Waisenrat befürwortet den Antrag.

Kann ihm das Gericht Folge geben?

BGB 1630, 1686, 1687, 1695, 1777, 1795, 1937, 2231, 2233.

146.

Der Violinvirtuose Prof. Kratzmeister hat seinem Lieblingsschüler Franz Nebengriffig versprochen, ihm bis zur vollständigen Ausbildung unentgeltlich Musikunterricht zu erteilen, und ist diesem Versprechen auch 2 Jahre lang bis zu seinem Tod nachgekommen.

Die Erben Kratzmeisters erklären nun dessen Versprechen für unwirksam, da die Form des § 518 gefehlt habe. Sie verlangen den Wert der erteilten Unterrichtsstunden mit je 5 Mark von Nebengriffig heraus, unter Berufung auf § 818.

Nebengriffig beruft sich auf § 518 Abs. 2 und 814, und glaubt seinerseits berechtigt zu sein, die Unterrichtskosten für die noch rückständige Zeit von den Erben zu verlangen.

BGB 1967.

147.

Ein Erbe verweigert die Erfüllung eines Schenkversprechens seines Erblassers, weil der Bedachte dem ihm befreundeten, unheilbar erkrankten Schenker auf dessen dringendes Verlangen Gift gegeben hat.

Mit Recht?

Der Schenker hat nach Genuss des Gifts noch auf dem Totenbette die gewaltsame Herbeiführung des Todes bereut. Hätte er die Schenkung noch widerrufen können?

BGB 530.

148.

Kann ein Testator eine Stiftung zur Erbin einsetzen, die er in der letztwilligen Verfügung selbst geschaffen hat? Oder muss er die Unwirksamkeit der Einsetzung deshalb befürchten, weil die erforderliche staatliche Genehmigung des Stiftungsgeschäftes erst nach der Testamentseröffnung eingeholt werden kann, und somit die Erbin zur Zeit des Erbfalls noch gar nicht existirt? (Städel'scher Erbfall.)

BGB 80, 84, 1922, 2101.

149.

Ein Erblasser hat seinen verheirateten Sohn zum Erben, und dessen noch gar nicht existirende Deszendenz zu Nacherben eingesetzt.

Der Erbe fängt an, das Vermögen zu verschleudern. Kann er nicht daran gehindert werden?

BGB (1912), 1913, 2100, 2116 fg., 2118, 2121.

150.

Können sich zwei Ehegatten gegenseitig zu Erben einsetzen, wenn der Mann wegen Verschwendung entmündigt ist?

Macht es einen Unterschied, ob die Form des Testaments oder die des Ehevertrages gewählt wird?

BGB 114, 2229, 2265, 2275.

MIX

Papier | Fördert gute Waldnutzung

FSC® C083411

Kolibri 360 GmbH
Ferdinand-Jühlke-Straße 7
99095 Erfurt, Deutschland
produktsicherheit@kolibri360.de